Werner Antpöhler

Newgrange, Dowth und Knowth

Zu Besuch in Irlands
»Tal der Könige«

NEUE ERDE

Newgrange, Dowth & Knowth
Zu Besuch in Irlands "Tal der Könige«
Werner Antpöhler

© Neue Erde GmbH 1997
Rotenbergstr. 33, D-66111 Saarbrücken
Alle Rechte der Vervielfältigung, gedruckt, auf Microfiche
oder Datenträgern, sowie der Übertragung vorbehalten.

Zeichnungen: © Lotti Antpöhler 1997
Aquarelle: Regine Bartsch, © Lotti Antpöhler 1997
Fotos: © Werner Antpöhler 1997,
S. 30/31 und S. 64 Fred Hageneder
Gestaltung: Dragon Design, GB

Gedruckt auf ENVIROSTAR-Recyclingpapier;
Umschlag ENVIROTOP aus 100% Altpapier.

Gesamtherstellung: Fuldaer Verlagsanstalt, Fulda

Printed in Germany

ISBN 3-89060-022-0

NEUE ERDE Verlag GmbH
Rotenbergstr. 33 · D-66111 Saarbrücken
Deutschland · Planet Erde

Inhaltsübersicht

Was Leserinnen und Leser erwarten dürfen ...

Wer Irland bereist und im »Tal der Könige« die steinzeitlichen Monumente Newgrange, Dowth und Knowth besucht, ist beeindruckt. »Tal der Könige« – ist das nicht in Ägypten? ... So wird der Besucher zunächst fragen. Gewiß: Aber auch hier in Irland, im Nordwesten Europas, gibt es das »Tal der Könige«. Und die Monumente, vor denen wir hier staunend stehen, wurden erbaut, als die ägyptischen Pyramiden noch nicht begonnen waren.

Warum wurden die gewaltigen Megalith-Monumente Newgrange, Dowth und Knowth errichtet, zu welchem Zweck?
Was mögen die rätselhaften Dekorationen auf vielen der Steine bedeuten?

Wir *wissen* es nicht; denn unsere Ahnen haben uns keine Mitteilung hinterlassen, die es uns ermöglichen würde, mit der gewohnten stark rational geprägten Denkweise an die Beantwortung dieser Fragen heranzugehen. Nur mit Phantasie und mit Vorstellungskraft können wir versuchen, für die Phänomene Newgrange, Dowth und Knowth Erklärungen zu finden.

Bei diesem Versuch möchte sich das vorliegende Buch als Gefährte anbieten. Es stellt keine Daten und Fakten zu einer wissenschaftlichen Abhandlung zusammen. In diesem Buch wird vielmehr erzählt, erzählt von Erlebnissen in Irlands »Tal der Könige«.
Über Jahre hinweg hat der Autor (mal als Reiseleiter, dann wieder privat) Irland bereist und die steinzeitlichen Monumente Newgrange, Dowth und Knowth besucht. Zwei der vielen Besuche sind in diesem Buch geschildert. Eigene Erlebnisse, überlieferte Legenden und persönliche Interpretationen der megalithischen Symbolik sind erzählend so miteinander verwoben, daß Leserinnen und Leser dieses Buches jeden Schritt der Erzählung vor Ort nachvollziehen können.

Wenn die Besucher im Angesicht der Megalithmonumente New-grange, Dowth und Knowth dann zu anderen als in diesem Buch vorgestellten Interpetationen kommen ... um so besser! Denn: Große Rätsel lassen viele Lösungen zu.

In der Hoffnung, daß es gelungen ist, ein informatives *und* schönes Buch vorzulegen, geben Autor und Verlag es aus der Hand. Möge es den Leserinnen und Lesern dabei behilflich sein, sich auf den Besuch der Megalith-Monumente von Newgrange, Dowth und Knowth einzustimmen, und möge es allen, die dort waren, die Erinnerung an diese gewaltigen und gleichzeitig rätselhaften Kulturdenkmäler unseres guten alten Europa lebendig erhalten.

ex oriente lux -
das Licht kommt aus dem Osten

Wer wollte das bezweifeln! Haben wir dem Orient doch in der Tat vieles zu verdanken, was unsere abendländische Kultur ausmacht: Indien und Persien unsere religiösen und ethischen Grundüberzeugungen, den Ländern zwischen Euphrat und Tigris das Wissen von den Gestirnen, den ägyptischen Therapeuten unsere medizinischen Kenntnisse. Und welche Entwickelung würde der Westen genommen haben ohne die philosophischen Systeme der Griechen! In der Tat: Das Licht kommt aus dem Osten ...

Nur aus dem Osten?
So einseitig kann die Entwicklung unserer Zivilisation kaum verlaufen sein. Bei Platon können wir in seiner Atlantis-Sage dann auch nachlesen, daß die ägyptischen Priester zu Sais dem griechischen Philosophen Solon von einer hochentwickelten Zivilisation jenseits der Säulen des Herakles, also westlich der Meerenge von Gibraltar, erzählten. Sie, die Ägypter, hegten große Bewunderung für dieses gewaltige Reich im Westen, das sie (nach der Tochter des Gottes Atlas) *Atlantis* nannten. Es muß mehr als Bewunderung gewesen sein; Angst ist aus dem Bericht der Priester herauszuhören, denn mit euphorischen Worten rühmten sie die griechischen Ahnen des Solon, die mit ihrem Heldenmut und mit ihrer Kriegskunst dem Expansionsdrang der Großmacht aus dem Westen Einhalt geboten und somit Ägypten den Freiraum zur eigenständigen Kultur verschafft hatten; einer Kultur, die wir im Westen heute so sehr rühmen.

Was hat es nun auf sich mit diesem großen Reich westlich von Gibraltar, mit diesem Atlantis, dem Volk der Tochter des Atlas? Darüber ist viel geschrieben und diskutiert worden. Einen sehr interessanten und aufschlußreichen Beitrag zu dieser immer wieder aufflackernden Diskussion hat Helmut Tributsch mit seinem Buch *Die gläsernen Türme von Atlantis* [1] erbracht. Von nachvollziehbaren

Thesen untermauert, stellt Helmut Tributsch die Behauptung auf, daß das legendäre Atlantis des Platon nicht untergegangen, sondern heute noch existiere und – unser Europa sei. Denn (so zitiert Tributsch den Schlußsatz der Atlantis-Sage des Platon): »Der Gott der Götter aber, Zeus ... beschloß ... sie (die Bewohner der Atlantis) durch Strafe zu züchtigen, auf daß sie dadurch zur Besinnung gebracht und gebessert würden.« Merkwürdig: Zeus züchtigt, um zur Besinnung zu bringen und zu bessern, nicht um zu strafen. Kein Untergang also? Und demnach keine gnadenlose Vernichtung des Volks der Atlantis, Tochter des Atlas? Oder (um es von der ägyptischen auf die griechische Mythologie zu übertragen): Kein Verschwinden des Volks der Europa, Tochter des griechischen Gottes Zeus, aus der Geschichte der Menscheit?

Wie oft sprechen wir vom Untergang einer Kultur und meinen damit lediglich, daß sie dahingewelkt, von einer anderen abgelöst wurde, nicht aber unbedingt geologisch untergegangen sein muß. Genau so könnte es der Megalithkultur, dem Reich der Atlantis im Nordwesten Europas, ergangen sein. In der Tat behaupten sowohl Historiker als auch Archäologen, daß kriegerische Eindringlinge aus den Räumen des vorderen Orient zwischen zweitausend und eintausend vor unserer Zeitrechnung in die Küstenregionen des atlantischen Ozeans eingedrungen seien und die einheimische Bevölkerung nach und nach zurückgedrängt und damit ihren »Untergang« herbeigeführt haben.

Daß dieses geschichtliche Ereignis über die Ablösung einer Kultur durch eine andere von Platon in eine Mythe eingekleidet und als »Untergang« erklärt wurde, sollte uns Menschen von heute nicht weiter verwundern; geht die Atlantis-Sage doch auf eine Epoche zurück, in der die Menschen sich noch nicht so sehr in mentalen Begriffen als viel mehr in bildlichen Vorstellungen verständlich machten.

Wer heute die atlantischen Regionen zwischen Marokko und den Orkney-Inseln bereist, kommt nicht umhin, immer wieder auf riesige und ungewöhnliche steinerne Monumente zu stoßen. Unsere Wissenschaftler haben diesen Monumenten einen unverwechselbaren

Namen gegeben: *Megalithe*. Und die Epoche, in der unsere europäisch-atlantischen Ahnen diese *großen Steine* errichtet haben, bezeichnen wir heute als *Megalithkultur*. Überall an europäischen Gestaden des Atlantik stoßen wir auf die Spuren dieser »steinernen« Kultur. Neueste wissenschaftliche Messungen haben ergeben, daß diese gewaltigen Monumente in der Zeit zwischen 4.000 und 1.500 vor unserer Zeitrechnung errichtet wurden und somit mindestens teilweise älter sind als die ältesten Pyramiden der Ägypter. Haben die ägyptischen Priester dem Solon aus Griechenland demnach geschichtlich zutreffend von der großen Zivilisation jenseits der Säulen des Herakles erzählt?

Wie ist es möglich, so stellt sich ganz zwangsläufig die Frage, daß wir über unser gutes altes Europa selbst heute noch so wenig wissen? Weil unsere Ahnen uns keine Schriftsprache hinterlassen haben; jedenfalls keine, deren wir mächtig sind. Doch bei genauerem Hinschauen können wir feststellen, daß die Menschen der Megalithkultur uns recht wohl Botschaften hinterlassen haben, wenngleich nur solche in *Symbolen*. In Carnac, im Golf du Morbihan, in Stonehenge, auf den Orkneys und auf den Hebriden sind diese Botschaften vor uns ausgebreitet. Nirgendwo aber ist die *steinerne Botschaft* so klar lesbar wie in der Megalithanlage von Newgrange in Irland.

Ex oriente lux –
das Licht kommt aus dem Osten?
Gewiß: doch aus dem Westen auch.

Wer Dublin in nördlicher Richtung verläßt, kommt nach ungefähr fünfzig Meilen ins Boyne Valley, ins Tal der Könige. Hier sollen Königinnen und Könige der mythischen Einwanderer Irlands, der *Tuatha de Danann,* ihre letzte Ruhestätte gefunden haben (siehe Abb. auf Seite 12). Von den drei Königsmonumenten Newgrange, Dowth und Knowth ist Newgrange das wohl bekannteste. Schon von weitem zieht es mit seiner gewaltigen Kuppel und mit der mit Quarzitsteinen verblendeten Fassade den Besucher in seinen Bann. Beim Nähertreten stehen wir dann plötzlich vor einem ungewöhnlichen Stein (siehe Abb. auf Seite 8/9). Dieser Stein ist nicht nur ungewöhnlich, mit seinen eingravierten Spiralmustern ist er ein wahres Rätsel.

> *Es ist dem Stein ein rätselhaftes Zeichen*
> *tief eingegraben in sein glühend Blut.*

... so hat unser Dichter Novalis seine Bewunderung für Steine in Worte gefaßt. Novalis ist zwar nie in Irland gewesen, hat in Newgrange also nie vor diesem *rätselhaftem Zeichen* von Spiralen gestanden; dennoch könnten seine Verse uns bei dem Versuch, den *eingegrabenen Zeichen* eine Botschaft abzulauschen, Wegweiser sein. Bleiben wir bei Novalis: *Eingegraben ist das Zeichen in sein glühend Blut.* Blut lebt. Wollen uns die Spiralmotive auf dem Stein von Newgrange also etwas über das Leben erzählen? Darüber, wie es kommt und wie es geht? Warum nicht! Schon Goethe hatte beobachtet, daß das Wachstum der Pflanzen sich nach dem Muster einer Spirale vollzieht. Er hatte erkannt, daß die ausrollende Spirale Wachstum, die einrollende Verfall bedeutet. Beides zusammen, Wachstum *und* Verfall, ist das Leben in seiner Fülle. Und genau so ist *dem Stein das Zeichen eingegraben:* Wer die Spiralen auf dem Eingangsstein von Newgrange im Uhrzeigersinn nachvollzieht, kommt bei den links angeordneten auf einrollend-abnehmende, bei den rechts angeordneten auf ausrollend-zunehmende Figurationen. Verblüffend! Und Grund genug, bei diesem Stein noch etwas zu verweilen. Denn das ist offensichtlich die erste Botschaft des Steines: Wir sollen innehalten. Nicht von ungefähr wird dieser Stein Schwellenstein genannt. Wer diese Schwelle überschreitet, der

Tal der Könige

Dublin

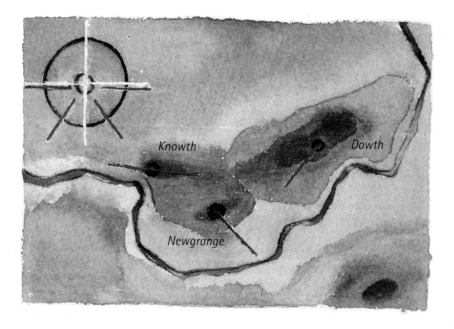

Knowth

Dowth

Newgrange

kommt ... ja, wohin kommt der eigentlich? »In ein Ganggrab,« sagen die Archäologen, »In ein steinzeitliches Gotteshaus,« sagen Künstler, Astronomen und spirituell ausgerichtete Betrachter; und um ihre These zu stützen, verweisen sie auf Mythen aus grauer Vorzeit, die in Irland bis heute lebendig geblieben sind.

Verweilen wir weiter vor der Schwelle des Rätsels und hören wir, was die Mythe uns zu sagen hat ...

Dagda, der gute Gott, bewohnte *Brú na Bóinne* (Newgrange). Zuvor hatte Elcmar zusammen mit Boand, dem personifizierten Fluß Boyne, den Brú (Palast) in Besitz gehabt. Aber Dagda, der Elcmar unter einem Vorwand für einen Tag von seinem Palast weggelockt hatte, verlängerte kraft seiner magischen Fähigkeiten diesen einen Tag auf neun Monate. Das Ergebnis: Dagda und Boand wurde ein Sohn geboren. Oengus (der Junge) – so benannte seine Mutter ihn und erläuterte das bezeichnenderweise mit diesen Worten: »Jung ist der Sohn, der bei Tagesanbruch gezeugt und zwischen Morgen und Abend geboren wird.« Kein Wunder, daß Oengus uns in der keltischen Mythologie als Personifikation des Tages begegnet. Als Oengus herangewachsen war, trat er an seinen Vater Dagda heran mit der Forderung: »Gib mir einen eigenen Palast.« Dagda lehnte ab: »Ich habe keinen für dich.« Doch Oengus gab nicht auf: »So gewähre mir einen Tag und eine Nacht in deinem Palast.« Dagda lenkte ein. Als die Frist abgelaufen war, erinnerte er Oengus: »Deine Zeit ist um.« Aber Oengus hatte seinen Vater Dagda überlistet: »Tag *und* Nacht sind ein Ganzes, eine unteilbare Einheit, zeitlich nicht meßbare Vollkommenheit. Und genau diese unteilbare und zeitlich nicht meßbare Tag-und-Nacht-Einheit hast du mir gewährt. Der Palast gehört folglich mir.«[2] Gar nicht so abwegig – jedenfalls heißt der Palast in späteren Zeiten nicht mehr so oft *Brú na Bóinne* sondern immer häufiger *Brú na Oengus.*

Faszinierend, was uns in dieser Mythe erzählt wird! Wir hören vom *guten* Gott, vom *jungen* Oengus, vom Tag, vom Tagesanbruch, von Zeugung, von Geburt, von Dauer. Nie ist die Rede von Alter und von Tod. Und wenn ein einziges Mal von der Nacht gesprochen wird, dann nur im Zusammenhang mit dem Tag, dann sind »Tag und Nacht eine ungeteilte Einheit«, also nur zusammen betrachtet etwas

Vollkommenes. Will die Mythe uns das Gleiche erzählen, was dem Schwellenstein als *rätselhaftes Zeichen eingegraben* ist?

Wer wollte es wagen, auf diese Frage eine Antwort zu geben! Als gewöhnliche Grab*anlage* läßt sich Newgrange aber wohl kaum bezeichnen. Oder sollte ausgerechnet der Tod mit einem solch gewaltigen Bauwerk verherrlicht werden? Sollten zu einer Zeit, als das menschliche Leben nur eine kurze Spanne währte, Hunderte von Arbeitern, Technikern und Künstlern Zeit und Kraft aufgebracht haben, um ausgerechnet dem Tod ihre Reverenz zu erweisen?

Mit solchen Fragen bepackt verlassen wir einstweilen unseren rätselhaften Schwellenstein und begeben uns auf einen Rundgang um die gewaltige Megalithanlage von Newgrange ...

Ganz zwangsläufig beschreiben wir auf unserem Rundgang einen Kreis. Siebenundneunzig unbehauene Steinkolosse markieren ihn. In technischer Hinsicht gewährleisten sie, daß die gewaltige Kuppel aus Lehm und Steinen nicht wegrutscht. Daß es ausgerechnet siebenundneunzig Steine sind, läßt aber auch den Schluß zu, daß wir es mit einer spirituellen Dimension zu tun haben; denn wenn wir die Zahl siebenundneunzig zerlegen und die Ziffern Neun und Sieben dann zur Quersumme von Sechzehn addieren, haben wir zwei mal die Acht und damit in der Symbolsprache der Zahlen die zweifache Vollendung vor uns.

Der Rundgang könnte an jedem der Steine beginnen, an jedem könnte er enden. Doch immer bleibt bei einem Kreis das Gefühl der Unendlichkeit. Und das ist nicht nur ein Gefühl – der Kreis *ist* unendlich; er hat weder Anfang noch Ende, ist somit Symbol für Ewigkeit, für nie endende Bewegung.

Während wir das erwägen, bemerken wir, daß in einem der großen Einfassungssteine nahezu die gleichen *rätselhaften Zeichen* von Spiralen *eingegraben* sind, denen wir zuvor am Schwellenstein begegnet waren. Das kann doch kein Zufall sein! Es *ist* kein Zufall; denn wenn wir von diesem Stein zum Schwellenstein eine imaginäre Linie ziehen (siehe Abb. auf Seite 16), dann haben wir nicht nur zwei gegenüberliegende Symbole zur Übereinstimmung gebracht; wir erkennen vielmehr gleichzeitig, daß diese gedachte Verbindungslinie exakt mit dem Verlauf des Ganges übereinstimmt, der in das Innere des *Brú na Bóinne* führt.

Im Gegensatz zum Kreis hat die Linie Anfang und Ende; sie ist mithin Symbol für Begrenzung. Auch Symbol für das Ende allen Lebens, Symbol für den Tod? Diese Deutung zwingt sich geradezu auf. Aber – um auf unsere Mythe zurückzukommen – Dagda ist der *gute* Gott und Oengus ist der ewige *Junge;* Ende und Tod passen also nicht hierher. Und tatsächlich: Dort, wo unsere imaginäre Linie durch die beiden Steine ihre Begrenzung erfährt, ist ausgerechnet diesen beiden Steinen das Spiralmotiv *tief eingegraben.* Immer wieder die Spirale: Einrollen – Ausrollen, Einschlafen – Aufwachen, Einatmen – Ausatmen, Geburt – Tod, Winter – Sommer, Sonnenaufgang – Sonnenuntergang ... da scheint es wirklich keinen Anfang und kein Ende zu geben; denn alles scheinbare Beginnen und Enden

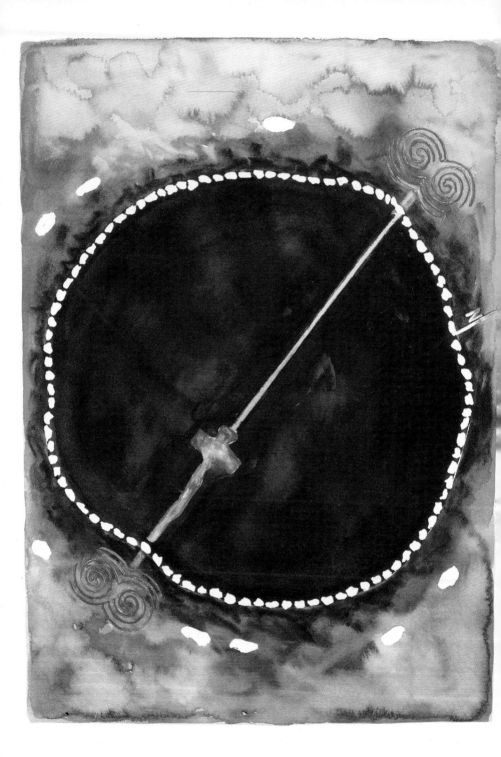

wiederholt sich in einem beständigen Rhythmus und beschreibt somit wieder einen Kreis – der Kreis: Symbol für Ewigkeit.

Vielleicht ist es das, was *Brú na Bóinne* (Palast von Newgrange) uns mit seiner Konstruktion *und* mit seiner Symbolik mitteilen will – vielleicht.

Solange wir draußen bleiben, können wir nur betrachten, erwägen und uns einstimmen. Einstimmen auf das, was drinnen geschieht. Denn dort, im Innersten des Monuments, wird das Geheimnis von Bru na Bóinne gehütet wie der Keim im Kerngehäuse einer Frucht.

Nicht nur die Mythen, auch die Einheimischen in der Umgebung von Newgrange hatten es immer schon gewußt: Ein Mysterium läßt sich nicht entschlüsseln, es muß sich selbst offenbaren – wir müssen lediglich hinschauen! Für Generationen von Forschern mußten sich die Bemühungen, das Geheimnis von Newgrange zu erkunden, zunächst auf Grabungen und die entsprechenden Auswertungen konzentrieren.

1969 sollte sich das ändern. Prof. Michael O'Kelly hatte hingehört auf das, was die Leute der Umgebung zu erzählen wußten: »Zur Wintersonnenwende schickt die aufgehende Sonne ihr erstes Licht direkt in die hinterste Kammer von *Brú na Bóinne*.« Michael O'Kelly, selbst Archäologe, legte Spaten und Bücher beiseite, und am 21. Dezember war er vor Ort, stand in der inneren Kammer von *Brú na Bóinne*, umgeben von nichts als Dunkelheit. Er hatte sich durch einen zwanzig Meter langen Gang gezwängt, vermutlich die *rätselhaften Zeichen* auf den Steinen links und rechts des Ganges zu deuten versucht, wußte Tausende von Tonnen Steinen und Erdreich über sich und – wartete. Wartete darauf, daß ein Geheimnis sich offenbaren möge. Und tatsächlich, es offenbarte sich: 8.58 Uhr war die Sonne über dem Horizont aufgegangen. Sekunden später hatte sie ihre ersten Strahlen durch eine briefkastengroße Öffnung oberhalb vom Eingang des Palastes hindurchgeschickt bis hinauf in die hinterste Kammer der großartigen Megalithanlage von Newgrange.

Was war geschehen? An der Wende vom Winter zum Sommer hatte die Sonne *scheinbar* das Ende ihrer Bahn erreicht. War das auch das Ende allen Lebens? Oder würde die Sonne wenden, zurückwandern und auf diese Weise das Gesetz der ewigen Wiederholungen bestätigen? So werden die Menschen vor rund fünftausend Jahren, als *Brú na Bóinne* erbaut wurde, gebangt haben.

Michael O´Kelly mußte nicht bangen – er beobachtete. Beobachtete, wie die Sonne, die ihm durch den langen dunklen Gang gefolgt war, mit ihren Lichtstrahlen den hintersten Altarstein in der zentralen Kammer von *Brú na Bóinne* berührte. Lugh, der keltische Sonnengott, hatte seinen Finger weit ausgestreckt und es eigenhändig in die Höhlenfinsternis hineingeschrieben:

»Es werde Licht!«

Aber das war nicht alles; der Finger Lughs hatte den Altarstein nicht nur berührt: Das Licht der Sonne bewegte sich, *wendete* und ließ Michael O´Kelly in der Dunkelheit der Kammer zurück. Was draußen in der Helligkeit des Tages mit dem Auge nicht erkennbar ist, wurde hier in der Höhlenfinsternis so auf das Wesentliche reduziert und gleichzeitig vergrößert hingezaubert, daß es nicht übersehen werden konnte:

Die Wende – Winter-Sonnenwende!

Jahre später machten sich andere auf den Weg nach Newgrange, Martin Brennan und Tim O´Brien zum Beispiel. Auf den Spuren von Michael O´Kelly konnten sie dessen Beobachtungen vertiefen und mit hochwertigen Kameras festhalten. Was sie herausfanden, verschlug auch den Skeptikern den Atem: Das Licht der Sonne – der Finger Lughs – findet am 21. Dezember jeden Jahres nicht nur seinen Weg in die zentrale Kammer des Heiligtums; schon draußen vor dem Eingang verkündet es die Botschaft:

»Jetzt kommt die Wende!«

Etwa fünfzehn Meter vor der Schwelle zum Palasteingang steht ein großer unbehauener Stein. Die aufgehende Sonne bewirkt, daß sein Schattenwurf sich so auf den Schwellenstein legt, daß das Spiralmotiv auf dessen linker Seite sprichwörtlich ein unauffälliges Schattendasein führt, während das fast gleiche Spiralmotiv auf der rechten Seite hell im gleißenden Licht der aufgehenden Sonne erstrahlt. Links im Schatten liegend rollen die Spiralen schrumpfend sich ein; rechts, in der Sonne badend, rollen sie wachsend sich aus (siehe Abb. auf Seite 20/21). Draußen vor dem Eingang zum eigentlichen Mysterium ist die Sonne also ihr eigener Herold und verkündet in eigener Sache die Botschaft:

Licht, Wachstum, Leben.

Und drinnen im innersten Kern des Heiligtums vollzieht sie dann, was sie draußen ankündigt: Von geschickt positionierten aufrechten Steinen gelenkt und zu einem schmalen Lichtkegel gebündelt finden die Sonnenstrahlen ihren Weg durch den etwa zwanzig Meter langen Gang bis in die am Ende des Ganges gelegene zentrale Kammer – und plötzlich ist es hell wie der lichte Tag, die Dunkelheit muß weichen:

»Es werde Licht.«

Dichter aller Kulturen haben der Sonne Hymnen gesungen. So auch Ingeborg Bachmann, unsere zu früh verstorbene Dichterin:

Schöner als der beachtliche Mond und sein
geadeltes Licht,
Schöner als die Sterne,
die berühmten Orden der Nacht,
Viel schöner als der feurige Auftritt
eines Kometen
Und zu weit Schönrem berufen
als jedes andere Gestirn,
Weil dein und mein Leben
jeden Tag an ihr hängt,
ist die S o n n e.[3]

Ähnlich mögen auch die Menschen vor mehr als fünftausend Jahren die Sonne gepriesen haben, wenn sie am 21. Dezember bei einem scheinbaren Stillstand ihr Versprechen einlöste:

»Es werde wieder Licht!«

Aber unsere Ahnen haben sich nicht mit Lobpreisungen begnügt; vielmehr haben sie uns mit Newgrange einen wahren **Sonnentempel** hinterlassen, in dem wir noch heute Jahr für Jahr am 21. Dezember und einige Tage vorher und nachher das Wunder der Winter-Sonnenwende *erleben* können, sofern wir ... sofern wir eine Einladung vorzeigen können.

Ich konnte eine solche Einladung vorweisen. Und das kam so: Im Laufe der Jahre war Newgrange für mich eine vertraute Stätte geworden. Jedes Jahr war ich einige Male dort: Mal als Reiseleiter einer Reisegruppe, dann wieder privat.

Immer wieder zogen mich das Bauwerk als solches, die ausgeklügelte Konstruktion und die rätselhaften Symbole auf den steinernen Kollossen in ihren Bann. Über die Informationen der vor Ort engagierten Führer hinaus hatte ich so gut wie alles an Fachliteratur erworben, um meine Kenntnisse über Newgrange zu vertiefen. Nur eines fehlte: Das *Erlebnis* Newgrange. Zu Anfang war das lediglich eine Erfahrungslücke; als ich dann aber Dia-Vorträge über die Megalithkultur zu halten hatte und Newgrange darin einen breiten Raum einnahm, konnte ich mich nicht mehr damit zufrieden geben, über Newgrange lediglich vom Hörensagen zu berichten – ich wollte Newgrange *erleben*. Aber wer nach Newgrange eingeladen werden will, muß ein VIP sein, eine sehr wichtige Persönlichkeit (very important person). Wichtig war ich aber nun einmal nicht. Kurzerhand schrieb ich an das *Office of Public Works*, an die für Newgrange zuständigen Verwaltungsleute in Dublin. »Ihr lieben und stets freundlichen Iren«, so versuchte ich die Damen und Herren in Dublin zu überzeugen, »seit Jahren komme ich nun schon nach Newgrange, und seit dem letzten Winter halte ich jetzt auch Dia-Vorträge zum Thema Winter-Sonnenwende in Newgrange. Könnt Ihr Euch vorstellen, wie peinlich es mir ist, über etwas zu sprechen, was ich selbst nie erlebt habe? Macht mich doch bitte zu einem VIP und schickt mir eine Einladung zur Feier der Winter-Sonnenwende.« Es dauerte nicht lange, und ich hatte die Antwort in Händen: Ich war über Nacht ein VIP geworden, ich war eingeladen. War das eine Freude! Doch beim genaueren Hinschauen auf den Wortlaut des Briefes kam die Ernüchterung: »Sie sind herzlich eingeladen zur Winter-Sonnenwende 1999.« War das ein Scherz? Wir schrieben jetzt Sommer 1993 – sechs Jahre sollte ich also noch warten. Wohl oder übel mußte ich mich damit abfinden, doch kein VIP zu sein. Monate später begann ich, mein Irland-Buch zu schreiben. Ich war beim Kapitel Newgrange angekommen, der Kalender war inzwischen auf Oktober 1993 weitergeeilt. Da kam die zündende Idee: »Ihr lieben und stets freundlichen Iren,« faxte ich an das *Office of Public Works* in Dublin, »ich bin für Dezember 1999 von Euch nach Newgrange eingeladen, vielen herzlichen Dank für diese freundliche Gunstbezeugung. Ich schreibe ein Buch über Irland und habe gerade mit dem Kapitel *Newgrange* begonnen, und nun ertappe ich mich zu meiner großen Beschämung dabei, wie ich im Begriff bin, meinen Lesern etwas zu erzählen, was ich selbst auch lediglich gelesen habe ... habt bitte Verständnis und zieht Eure so freundliche Einladung auf dieses Jahr vor.« Und tatsächlich: Die »lieben und stets freundlichen« Iren hatten Verständnis für meine verzwickte Lage; noch am gleichen Tag kam die Fax-Antwort: »Sie sind nach Newgrange eingeladen am 19. Dezember 1993 – wir treffen uns 8.30 Uhr vor Ort.«

Es war Oktober, bis Dezember waren es nur noch wenige Wochen, die Zeit verging wie im Flug. Ich verbrachte sie damit, alles, was ich bisher über Newgrange gelesen hatte, zu rekapitulieren.

Dann war es soweit – am 16. Dezember saß ich im Flugzeug nach Dublin. Spät nachmittags nistete ich mich für ein paar Tage im *Boyne Valley Hotel* in Drogheda, ganz in der Nähe von Newgrange, ein.

Eine Zeit ungeduldigen Wartens begann. Um die Zeit bis zum 19. zu überbrücken, besuchte ich verschiedene kulturhistorische Stätten im Boyne Valley. Ein einziges Freilichtmuseum ist dieses »Tal der Könige«: Monasterboice mit seinen gut erhaltenen Keltenkreuzen. Mellifont-Abbey, deren Ruinen Erinnerungen an den Übergang vom keltischen zum römischen Christentum wachrufen. Slane, wo St. Patrick das Sakrileg begangen haben soll, das Osterfeuer vor dem Hochkönig zu entzünden.

Das Wetter war wechselhaft, nur manchmal verschaffte die Sonne sich etwas Platz. Wie würde das Wetter am Morgen des 19. Dezember sein? Diese Frage ließ alle anderen Gedanken nebensächlich erscheinen. Denn nur, wenn am Morgen des 19. Dezember klares Wetter wäre, würde sich die Sonne zeigen. Und nur dann könnte das »Wunder von Newgrange« geschehen.

Die bisherige Warterei hatte ich gut überbrückt; aber nun stieg die Nervosität bis in die Haarspitzen.

Am 19. Dezember, dem Tag meiner Einladung, wachte ich morgens zu *deutscher* Zeit auf, nämlich sehr, sehr früh. Schon gegen 6.00 Uhr ging ich in der Hotelhalle auf und ab. Der Nachtportier schielte zu mir herüber, machte schließlich ein besorgtes Gesicht: »Fühlst du dich nicht wohl?« Doch, ich fühle mich gut, sei lediglich furchtbar nervös wegen ... und dann erzählte ich ihm in aller Ausführlichkeit, wie ich zu der Einladung nach Newgrange gekommen war. Er rückte mir am Kamin, wo das Feuer schon züngelte, einen Stuhl zurecht: »Ich hole dir erst einmal einen Tee und etwas Toast.« Der Tee tat seine Wirkung, Kopf und Magen beruhigten sich. Und nun hatte der Nachtportier einen handfesten Trost für mich bereit: »Sei ganz beruhigt. Letzte Nacht hat der Wind von Süd auf Nordost gedreht, es ist frisch draußen, der Himmel ist klar. Du kannst sicher sein: Die Sonne wird sich zeigen, du wirst dein *Wunder* erleben. Ich weiß wovon ich rede, ich bin in der Nachbarschaft von Newgrange aufgewachsen.«

Ich fuhr schon gegen 7.00 Uhr los, eine halbe Stunde später war ich in Newgrange. Noch war alles von grauer Morgendämmerung ummantelt, nur die mit Quarzitgestein verblendete Frontfassade der gewaltigen Kuppel von Newgrange hob sich blaß von dem Dunkel der Umgebung ab. Aber dann wich mit jeder Minute das Dunkel etwas mehr in die Unendlichkeit der Nacht zurück, und plötzlich zog im Osten ein heller Streifen herauf – das war der Tag. Und was für ein Tag! Schon nach wenigen Minuten war der Himmel mit einem Farbgemisch aus grün-gelb-rosa übermalt.

Die ersten Pkws rollten an, schweigend stiegen die Menschen aus – alles also VIPs, so wie ich ...

Dann kam auch Clare Tuffy, die Dame vom *Office of Public Works,* die uns in das Heiligtum führen sollte. Wir kannten uns seit Jahren. »Hast Du ein Glück«, rief sie mir kurz zu, und dann standen wir schon vor dem Schwellenstein am Eingang von *Brú na Bóinne,* dem Sonnentempel aus grauer Vorzeit. Während unsere Führerin ein paar obligatorische Einführungsworte sprach, schaute sie an und wann über ihre Schulter zurück, um nichts zu verpassen, was sich da am Osthimmel tat. Da war alles wie zuvor: Taghell, rot, feuerrot. Genau so hell leuchtend und strahlend war das Gesicht unserer Führerin. Ganz bestimmt war sie froh und glücklich, uns achtzehn ungeduldigen Newgrange-Besuchern in wenigen Minuten ein wahres Wunder bieten zu können, waren die beiden vorausgegangenen Tage bei wolkenverhängtem Himmel doch ein totaler Reinfall gewesen.

Und dann geht's tatsächlich los ...
Einer nach dem anderen zwängen wir uns den etwa zwanzig Meter langen Gang hinauf, vorbei an links und rechts aufgestellten Steinkolossen mit den schon vertrauten Symboleinritzungen. Nach zwei oder drei Minuten sind wir in der zentralen Kammer des Heiligtums versammelt. Unsere Führerin geht noch einmal zurück, wirft einen prüfenden Blick hinaus zum Osthimmel, schließt die Eingangstüre hinter sich, kommt zurück, knipst die Taschenlampe aus. Wir stehen im Dunkel, in tiefschwarzer Höhlenfinsternis. Einige raunen sich noch ein paar Worte zu, dann ist alles still. Jeder wartet, wartet angespannt auf das »Wunder der Winter-Sonnenwende«. Und wirklich: Das Wunder geschieht ...
Mitten in das Dunkel hinein erscheint plötzlich, wie von der Sehne eines Bogens losgelassen, ein Lichtstrahl unten vor unseren Füßen. Silbrig-weiß sieht er aus, ist nicht größer als eine Pfeilspitze. Und nun bietet sich uns ein Schauspiel, das mit Worten kaum wiederzugeben ist: Die Pfeilspitze bewegt sich – im Uhrzeigersinn tastet sie sich an den Steinen der linken Seite des Heiligtums entlang, wird dabei von Minute zu Minute größer, erreicht schließlich etwa die Länge einer Lanze, verfärbt sich mit zunehmender Größe von silbrig-weiß bis zu einem kräftigen Orange, taucht die ganze Zentralkammer bis hinauf zu der etwa sechs Meter hohen Kuppel in gleißendes Licht. Wenn kurz zuvor um uns herum noch alles stockfinster war, so können wir uns plötzlich alle deutlich erkennen. Und wir können dem Hinweis unserer Führerin folgen, die mit ausgestrecktem Arm auf einen Stein an der rechten Seite der hinteren Kammer zeigt: »Da!«

Als ob in einem Theater eine von Lichteffekten hingezauberte Vision aus den Kulissen heraustritt, so steht plötzlich auf Augenhöhe wieder das Spiralmotiv *tief eingegraben* in einem der wuchtigen Steinkolosse – dieses Mal als Dreier-Figuration. Kommen, verweilen, gehen ... ob das der Sinn *dieser* Botschaft sein soll?

In unseren Köpfen wissen wir zwar, daß das hier in der Palastkammer wandernde Licht durch den Gang der Sonne da draußen bewirkt wird; aber angesichts des sich vor unseren Augen vollziehenden Wunders tritt das Denken für den Augenblick zurück. Es bleibt auch gar keine Zeit zum Nachdenken, denn es beginnt des Schauspiels zweiter Akt: Unsere Lichtlanze hat beinahe den hinteren Stein der Kammer berührt, da *wendet* sie sich schon wieder zum Gehen. Wie von unsichtbarer Hand geführt, beginnt sie soeben an der rechten Wand der Zentralkammer zurückzuwandern, als unsere Führerin ein leise hingehauchtes »Das war's« von sich gibt. Und richtig: Da war´s geschehen:

Die Wende, die Winter-Sonnen-Wende.

Genau in dem Augenblick, als unsere orangefarbene Lichtlanze fast den hinteren Stein im Heiligtum von Newgrange berührt, wird die Botschaft verkündet: »Alles geht weiter seinen normalen Gang.« Dieser Übergang von links nach rechts, von einatmen zu ausatmen, von Winter zu Sommer geschieht so unauffällig, daß wir es, hypnotisiert von der geisterhaften Lichtlanze, beinahe nicht bemerken. In aller Stille geht unsere Lichtlanze ihren Weg zurück, betastet die Steine mit den teils *eingegrabenen rätselhaften Zeichen* an der rechten Wand, wird von Minute zu Minute kürzer und blasser, ist dann plötzlich nur noch so groß wie eine Pfeilspitze, wird wieder silbrig-weiß und – ist verschwunden.

Unsere Führerin knipst ihre Taschenlampe wieder an. Niemand spricht, wir sind betroffen, stehen noch ganz unter dem Eindruck des Wunders. Schweigend gehen wir den Gang zurück, nur die *eingegrabenen Zeichen* auf den wuchtigen Steinen zu beiden Seiten des Ganges sprechen ihre *rätselhafte* Sprache. Dann hat die Welt uns wieder, draußen stehen wir im hellen Sonnenschein des

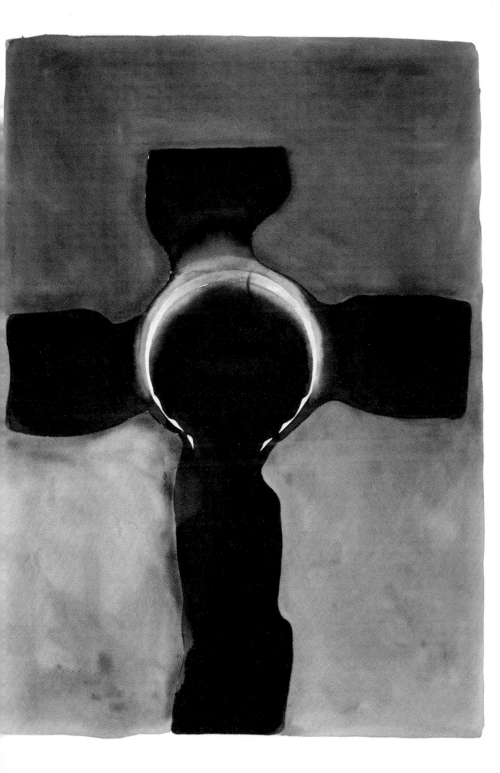

19. Dezember 1993. Unbekümmert geht die Sonne ihren Weg. Oder, um die Lehre von Galilei in Erinnerung zu bringen: Gelassen setzt der Planet Erde seinen Rundgang um die Sonne fort.

Ich hatte erwartet, daß wir achtzehn »Auserwählten« uns nun irgendwo noch zu einem Gedankenaustausch zusammensetzen würden. Aber nichts dergleichen geschah – ich hörte nur das Klappen von Autotüren, jeder ging seines Weges.

Und ich stand wieder dort, wo ich schon so oft in Gedanken versunken gestanden hatte, nämlich draußen vor dem Schwellenstein mit den Spiralmotiven. Der Schatten, den der große Megalith kurz zuvor über das linke Spiralmotiv geworfen hatte, war kürzer geworden, berührte gerade noch die untere Kante des Schwellensteins; beide Figurationen von Spiralen waren inzwischen von hellem Sonnenlicht übergossen.

Was ich erlebt hatte, lag hinter mir: Eine kreuzförmige Kammer, in der das wandernde Licht der aufgehenden Sonne einen Kreis hineingezeichnet hatte. Für wenige Augenblicke waren die festgefügte Kreuzkonstruktion (Symbol für Materie) und das Licht der Sonne (Symbol für das Geistige) zu einem unvergeßlichen Mandala verschmolzen.

Sonne und Kreuz –
noch heute sind diese beiden Elemente
das Grundmuster aller *Keltenkreuze.*

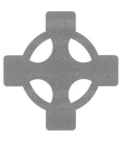

Von fremder Hand gar wundersam geschrieben
ziehn Kreise schwingend ihre Bahn
durch zeitengraues Urgestein.
Was mag der Kreise Botschaft sein?
Ist es Magie, ist's eitel Zauberwahn,
der in verblichenen Zeichen uns verblieben?

Du fragst und willst den Sinn erkunden
der Chiffren, die im Stein dort stehn.
Magst ewig fragen -
denn eh die Antwort Du gefunden,
wird Dich der Zeiten Hauch verwehn;
bist auf geheimnisvoll Geheiß
Du selbst doch auch ein schwingender Kreis.
Mal weitet sich Dein Selbst zum Leben
und steht in gleißend hellem Licht,
dann wirst in Enge Du erbeben
und stöhnen unter Schatten lastendem Gewicht.

Kommen und gehen,
wachsen und verwehen -
so taumeln Licht und Schatten durch die Zeit
bis an den Rand der Ewigkeit.

Werner Antpöhler

Der Tag war noch jung. Die Sonne war in südliche Richtung weitergewandert und stand schon hoch und warm am Himmel; dabei war das Jahr schon fast zu Ende, der Winter stand vor der Tür. Was anfangen mit dem noch so jungen Tag? Jetzt schon nach Dublin fahren? Nein, das Boyne Valley hatte viel zu viel zu bieten, da waren ganz in der Nähe noch die Megalithanlagen von Dowth und von Knowth, die Geschwister von Newgrange gewissermaßen.

Auf der Rückfahrt zur Hauptstraße Drogheda-Slane mußte ich ohnehin an Dowth vorbei. Ich hielt an, stapfte durch feuchtes Wiesengelände, zwängte mich durch stachelige Ginsterbüsche und stand dann plötzlich vor – einer Enttäuschung. Das also war die Megalithanlage von Dowth! Gewiß, der Eingang zu der Anlage war auszumachen; aber hineingehen konnte ich nicht, er war mit Eisenstäben blockiert. Ganz offensichtlich hatten Archäologen Eifer und Spaten beiseite gelegt und den Eingang vorerst gesichert, um Neugierigen einen vorzeitigen Zugang zu erschweren. Auch hier in Dowth liegt (ähnlich wie in Newgrange) ein Schwellenstein vor dem Eingang. Aber verglichen mit dem von Newgrange und dessen künstlerisch gestaltete Spiral-Symbolik ist dieser hier in Dowth eher unauffällig. Doch werden auch die diesem Stein eingemeißelten Kreise ihre symbolische Bedeutung haben. Ein Kreis mit zwölf Strahlen mag auf die Einteilung des Jahres in zwölf Monate verweisen, der mit acht Strahlen könnte die acht wichtigen Sonnenstände des Jahres markieren. So mag es, so könnte es sein. Aber wir *wissen* es nicht. Vielleicht hat es vor rund fünftausend Jahren Prioritäten gegeben, die unserem heutigen Bewußtsein völlig entschwunden sind, unseren Ahnen hingegen von solch großer Bedeutung waren, daß sie ihr Wissen in Stein verewigten.

Ich vergegenwärtigte mir, was ich in Büchern über Dowth gelesen hatte:

Dowth macht etwa nur die Hälfte der Größenordnung von Newgrange aus, ist hingegen keineswegs unbedeutender als Newgrange. Denn wenn Newgrange zur Winter-Sonnenwende den Sonnenaufgang einfängt, dann macht Dowth am selben Tag das Gleiche mit dem Sonnenuntergang. Und auch die Mythologie knüpft hier bei Dowth wieder an die denkwürdige Geschichte von Newgrange an:

Der Druide Bresal hatte sich in den Kopf gesetzt, einen Turm zu bauen, dessen Spitze den Himmel berühren sollte. Die für dieses Werk erforderlichen Arbeiter konnte er allerdings nur für einen Tag verpflichten, er kam mithin in Zeitnot. Seine Schwester half ihm aus der verzwickten Situation heraus, indem sie mit magischem Zauber die Sonne beschwor, nicht eher unterzugehen, bis das Bauwerk fertiggestellt sei. Doch Bresal verging sich durch Inzest an seiner Schwester, machte dadurch ihre magischen Fähigkeiten zunichte und bewirkte damit, daß die Sonne vorzeitig unterging. »Dunkelheit überkam sie«, so heißt es in den Chroniken, und Bresals Schwester wehklagte: »Für immer soll dieser Ort *Finsternis* genannt werden.«[4] Und so kam es: Bis auf den heutigen Tag erinnert zur Winter-Sonnenwende Dowth und das dort einfallende Licht der untergehenden Sonne an die längste Nacht und somit an die längste Dunkelphase des Jahres.

Newgrange und Dowth – beide Megalithanlagen gehören zusammen wie Tag und Nacht, wie Licht und Dunkel, wie Sonnenaufgang und Sonnenuntergang.

Mit dieser Erkenntnis stieg ich wieder ins Auto und fuhr los. Ich war auf der Straße in Richtung Slane nur einige Meilen gefahren, als mich am Straßenrand ein Schild »teas & coffees« daran erinnerte, daß ich außer dem Stückchen Toast des freundlichen Nachtportiers im Hotel noch nichts im Magen hatte. Das Lokal war ein kleiner Verkaufsladen. Ich hatte mich gerade angeschickt, wieder zu gehen, als ich von der Frau hinterm Ladentisch mit einem ermunternden »Isn't it a beautiful day!« angesprochen wurde. Und ob das ein schöner Tag war! Für die freundliche Ladenfrau, weil eine strahlende Wintersonne uns mit Licht und Wärme beschenkte; für mich, weil ich Newgrange *erlebt* hatte. Es drängte mich, von meinem großen Erlebnis zu erzählen. Die Frau hörte zwar zu, aber so, als wollte sie sagen: »Na und.« Ich war irritiert: Mehr gab's da nicht zu sagen? Doch dann erzählte sie, während sie mich durch eine Seitentür schob und auf einen gedeckten Tisch in der guten Stube zeigte, daß sie früher als Kinder und Jugendliche um die Weihnachtszeit immer dort hingelaufen seien, um *»die Sonne einzufangen«*. Ich merkte auf: Es stimmte also, was die Einheimischen dieser Gegend immer

schon gewußt hatten, nämlich: daß Newgrange keine Begräbnis-
stätte im eigentlichen Sinn, sondern ein Sonnentempel ist! Trotzdem
sprechen wir immer noch von Ganggräbern, wenn von den gewaltigen Megalithbauten im Westen Europas die Rede ist. Gewohnheiten
sind hartnäckig! Aber spätestens jetzt, wo die freundliche Frau vom
Lande von »Sonne einfangen« gesprochen hatte, war ich meiner
Sache sicherer denn je:

Newgrange ist kein Mausoleum -
Newgrange ist ein Sonnentempel!

Nun ich einmal im Boyne Valley war, fuhr ich auch noch nach Knowth, dem dritten der großen Monumente am River Boyne. Aber dort traf ich nur geschäftiges Treiben an, die Archäologen hatten schweres Gerät in Stellung gebracht, Knowth glich einer Großbaustelle. Ich konnte nur von weitem hinschauen in Richtung zum westlichen Eingang dieser überwältigenden Megalithanlage. Aus Büchern wußte ich, daß sie vor ungefähr fünftausend Jahren bautechnisch so konzipiert worden war, daß die Sonne zur Tagundnachtgleiche im März und im September auch hier in Knowth, ähnlich wie in Newgrange und in Dowth, ihre unverwechselbare Botschaft hinterläßt: Morgens schickt sie ihre ersten Strahlen den zum Osten hin geöffneten Gang hinauf; abends verabschiedet sie sich mit ihren letzten Licht, indem sie den zum Westen hin ausgerichteten Gang noch einmal hell erleuchtet, bevor die Nacht alles mit Dunkelheit zudeckt.

Es war schade, daß ich nicht in den Sonnentempel von Knowth hinein konnte; aber der archäologische Bauleiter wollte das angesichts der Baustellengefahren nicht verantworten.

Was soll's – für heute war ich überglücklich und zufrieden, das Licht-Wunder von Newgrange erlebt zu haben. Aber große Erlebnisse müssen in Ruhe verarbeitet werden können. Und wo gäbe es im Boyne Valley dafür einen besseren Platz als in der Bar des *Conyngham Arms Hotel* in Slane! Hier, wo in all den Jahren Archäologen von Rang und Namen über Fakten und Thesen diskutiert haben, zog ich mich am Torffeuer wie in ein Schneckenhaus zurück. Rätselhafte Symbolsprache, grandioses Sonnen-Wunder ... es gab so vieles zu überdenken.

Fast drei Jahre waren ins Land gegangen, seit ich das Sonnen-
wunder von Newgrange erlebt hatte. Zwischendurch hatte
ich einige Male Reisegruppen nach Irland begleitet und ihnen
»mein« Newgrange gezeigt.

Nun war ich wieder im Boyne Valley, im »Tal der Könige«. Es war
September, September 1996. Am 22. würden wir Tagundnachtgleiche
haben; dann würde morgens bei Sonnenaufgang *und* abends bei
Sonnenuntergang das Sonnenwunder in Knowth geschehen – so
wußte ich.

Aber: »Es wird keine spezielle Feier am 22. September stattfinden«,
hatte mir das *Office of Public Works (OPW)* aus Dublin geantwortet,
als ich Anfang September um eine Einladung zur Feier der Tagundnachtgleiche nachgesucht hatte. Kein Sonnenwunder in Knowth
also! Ich mußte das zur Kenntnis nehmen. Dennoch mochte ich
mich nicht damit abfinden. »Man kann ja nie wissen«, suggerierte
ich mir; und so kam es, daß ich mich am Nachmittag des 19. September 1996 trotz der schriftlichen Absage aus Dublin am Eingang
zur Megalithanlage von Knowth einfand. Voller Erwartung löste ich
meine Eintrittskarte wie jeder andere Besucher, trat ein und – war
enttäuscht. Knowth war immer noch eine Baustelle! Unmittelbar
vor meinen Augen, wohl fünfzig Meter vom Eingang zur Westkammer
entfernt, wo in wenigen Stunden bei Sonnenuntergang das »Wunder
von Knowth« geschehen würde, machte ein hoher Metallzaun un-
mißverständlich klar, daß ich nicht eingeladen war. Was nun?
»Dann werde ich mich damit begnügen müssen, Fotos von den riesigen Findlingen zu machen, die den Fuß der gewaltigen Kuppel
von Knowth säumen.« Eine verlockende Aufgabe; ist der gewaltige
Tumulus von Knowth doch von rund einhundertzwanzig solcher
Findlinge umgrenzt; etwa neunzig von ihnen sind noch dazu mit
Ornamenten und Symbolen dekoriert. Ich schloß mich einer ge-
führten Besuchergruppe an. Schon nach wenigen Schritten blieb
unsere Führerin vor den ersten großen Einfassungssteinen stehen,
um deren rätselhaften Dekorationen zu kommentieren. Aber dann
begann sie, weitere Steine mit und ohne Symbolik anhand von Fotos
und Skizzen aus einem Buch zu erläutern. Die Erklärung hierfür war
schnell gefunden: Die meisten der in der Fachliteratur erwähnten
kerbstones (Einfassungssteine) liegen hinter dem Bauzaun und sind

noch dazu mit schwarzen Kunststoffolien abgedeckt. Das war nun mehr als eine Enttäuschung! Ich ging zurück zu dem Häuschen, wo ich meine Eintrittskarte gelöst hatte, und trug meinen Unmut vor. Es half nichts: »Die Archäologen müssen ungestört arbeiten können, deshalb der Bauzaun.« Und weiter: »Stell Dir vor, die *kerbstones* wären nicht mit Folie abgedeckt und somit dem ätzenden Staub und Schutt der Bagger und Baufahrzeuge ausgesetzt! Da würden die vor ungefähr fünftausend Jahren eingemeißelten Ornamente nicht wieder gut zu machenden Schaden nehmen!« Die junge Frau, die mich so beschwichtigte, hatte natürlich Recht. Und als dann noch der Hinweis kam, ich könne im Archiv von *Office of Public Works* in Dublin jederzeit Kopien von Fotos und Dias käuflich erwerben, war die Welt wieder in Ordnung. Und außerdem: Hatten die kulturgeschichtlich so einmaligen Steine nicht rund fünftausend Jahre unter Schutt und Geröll gelegen, bis erst in den sechziger Jahren unseres Jahrhunderts die Archäologen ihre Spaten ansetzten? Wer war ich schon, daß ich die *kerbstones* ausgerechnet heute, am 19. September 1996, fotografieren mußte!

Ich blieb noch eine Weile, nachdem ich mir am Tickethäuschen das Buch von Prof George Eogan, dem berühmten Chef-Archäologen von Knowth, ausgeliehen hatte. Seit 1962 schon, so ist dort nachzulesen, wird Knowth archäologisch systematisch untersucht. Die Ergebnisse, die in dem Buch mit Fotos und Zeichnungen vorgestellt werden, kommen der Schilderung einer Abenteuerreise gleich.

»Wir machen gleich Schluß«, hörte ich eine Stimme hinter mir, als ich mich gerade in die Fotos und Zeichnungen des Buches vertieft hatte. Es war tatsächlich schon fast sechs Uhr abends. Wie die Zeit doch läuft! Ob die Menschen vor fünftausend Jahren Zeit auch schon als Bewegung empfunden haben? Als lineare Bewegung mit den teilenden Begriffen »Vergangenheit-Gegenwart-Zukunft« vermutlich nicht. Zeit war für sie wohl eher mit der Vorstellung von kreisendem, sich stets wiederholendem Rhythmus verbunden – so jedenfalls ist es vielen der Steine in Symbolen eingemeißelt. Wahrscheinlich galt Zeit noch nicht als »verloren« oder als »gewonnen«.

Abends im *Conyngham Arms Hotel* in Slane nahm ich mir das Buch *The Stars and the Stones* (Die Sterne und die Steine) von Martin Brennan vor. Wenn das offizielle Buch über Knowth von Prof. George Eogan einer Abenteuerreise gleichkommt, dann kann von dem Buch des Martin Brennan behauptet werden, daß es auf einigen Seiten ein Abenteuer *ist*. Man bekommt sprichwörtlich eine Gänsehaut, wenn man dort liest, wie Martin Brennan bei Nacht und Nebel den Bauzaun überstiegen und dann erlebt hatte, daß genau zur Herbst-Tagundnachtgleiche die untergehende Sonne den Schatten eines Menhirs so auf den Schwellenstein des Westeingangs wirft, daß der Schatten sich exakt mit der markanten vertikalen Linie der Dekoration deckt. Eben dieses Phänomen hatte auch ich beobachten wollen, deshalb war ich hier! Aber daraus wurde nun ja nichts. Und Martin Brennan wollte und mochte ich nicht nacheifern.

Am nächsten Morgen war ich wieder vor Ort, dieses Mal mit zwei Gefährten: Mit dem Buch von Prof. George Eogan und dem von Martin Brennan. Ich blätterte durch beide Bücher, verglich Fotos und Zeichnungen miteinander und schaute von Zeit zu Zeit durch den Bauzaun zu den mit schwarzer Folie verhüllten *kerbstones* hinüber, die in beiden Büchern sehr detailliert beschrieben sind.

Ich mußte über meine eigene Situation lächeln: Noch nie hatte ich auf diese Art ein Museum oder eine Galerie besucht!

Knowth – ist das ein gewaltiges Kultur-Denkmal! In west-östlicher Richtung mißt es achtzig Meter, in nord-südlicher Richtung gar fünfundneunzig Meter Durchmesser. Bei einer Höhe von zehn Metern überdeckt die gesamte Anlage eine Fläche von rund sechstausend Quadratmetern.

Insgesamt etwa einhundertzwanzig *kerbstones* (Einfassungssteine) säumen ringsherum den Fuß des riesigen Tumulus, davon sind ungefähr neunzig mit symbolischen Ornamenten versehen.

Und dann das Innere dieses gewaltigen Tumulus: Gleich zwei Gänge von vierunddreißig und vierzig Meter Länge führen zu den Palastkammern ins Innere der Anlage. Und auch hier drinnen wieder eine Fülle von Steinkolossen mit rätselhafter Symbolik. Allein die dürftige Grundrißskizze macht schon deutlich, wie gewaltig und beeindruckend die Megalithanlage von Knowth sich vor uns hinstellt.

Wenn die Archäologen in einigen Jahren das Feld geräumt haben werden und Knowth dann für die Öffentlichkeit freigegeben ist, steht dem Besucher eine Freilichtgalerie zur Verfügung, die an

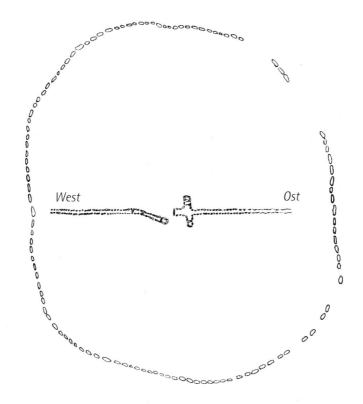

Größe und Erhabenheit bisher nicht ihresgleichen hat. Aber schon jetzt, wo nur ein Bruchteil der majestätischen Anlage zu bewundern ist, übt Knowth eine große Faszination auf den Besucher aus.

Die Fragen, die sich bei der Betrachtung der Symbole und Ornamente auf den *kerbstones* stellen, heißen immer wieder: »Was sollen diese Zeichen bedeuten? Haben sie auch uns Menschen unserer modernen Zeit noch etwas zu sagen?«

Diesen Fragen muß zunächst eine grundsätzlichere vorangestellt werden: »Womit haben wir es bei den Dekorationen überhaupt zu tun: Mit Ornamenten oder mit Symbolen?«. Das Herkunftswörterbuch von DUDEN sagt dazu folgendes: »Ornament – das seit dem 14. Jh. bezeugte Substantiv für Verzierung ist aus lat. *ornamentum:* Ausrüstung, Schmuck, Zierde, Ausschmückung entlehnt.« Und zu Symbol heißt es dort: »Sinnbild, Zeichen, Kennzeichen ... zusammenwerfen, zusammenfügen usw. ... bezeichnet eigentlich ein zwischen Freunden oder Verwandten vereinbartes *Erkennungszeichen,* bestehend aus Bruchstücken (z.B. eines Ringes), die zusammengefügt ein Ganzes ergeben und dadurch die Verbundenheit ihrer Besitzer erweisen.«[5] Wenn wir diese Erläuterungen aus unserer Begriffswelt von heute zum Verständnis der Chiffren aus der jüngeren Steinzeit heranziehen, dann müßten die Eingravierungen auf den riesigen Steinen der Megalitkkultur *Symbole* sein, nicht *Ornamente.* Denn es wäre völlig abwegig anzunehmen, daß unsere Ahnen die gewaltigen Steinkolosse aus großen Entfernungen herangeschleppt haben, um sie dann lediglich zu »verzieren«. Einleuchtender wäre, daß sie »Erkennungszeichen« setzen, »Bruchstücke zu einem Ganzen zusammenfügen«, »Verbundenheit« einer Gemeinschaft beschwören wollten.

Wir Menschen von heute müssen nach der Sinngebung von Symbolen *fragen,* müssen im Wörterbuch nach einer begrifflichen Definition *suchen.* Vor fünftausend Jahren mag es genügt haben, wenn die weisen Priester ihre Novizen auf einen Meditationsrundgang um den Tumulus mitnahmen und ihnen bei den einzelnen Stationen (Steinen) die eingravierten Symbole lediglich zeigten. Zwischen Priester (Wissender) und Novizen (Unwissender) dürfte in der Steinzeit eine ungleich größere Wissenskluft gelegen haben als das heute zwischen Lehrer und Schüler der Fall ist. Zur Überbrückung dieser Kluft bot sich das Symbol als komprimierte Zusammenhangsaussage an. Es ist durchaus denkbar, daß Schüler der Steinzeit die komplexe Sinngebung hinter einem Symbol so schnell und so umfassend verstanden wie wir heute Schlagzeilen in der Tageszeitung begreifen. So mag das Symbol vor rund fünftausend Jahren das Kommunikationsmedium zum Lehren und Unterweisen schlechthin gewesen sein.

Stellen wir uns nun (in Gedanken) vor einige der *kerbstones* (Einfassungssteine) hin und stellen wir noch einmal die Frage:

»Was sollen die Zeichen (Symbole) bedeuten? Was wollen sie uns sagen?«

Beispiel 1

Schwellensteine vor den beiden Eingängen

Beiden Steinen sind nicht nur symbolische Dekorationen eingraviert; in Verbindung mit dem jeweils einige Meter vor den Schwellensteinen positionierten hohen schlanken Stein haben sie außerdem eine »technische« Funktion. Ähnlich wie in Newgrange bewirkt die Sonne, daß der hohe senkrechte Stein seinen Schatten auf den Schwellenstein wirft. Genau zu den Stichtagen der Tagundnachtgleiche, nämlich am 20. März und am 22. September, deckt sich der erwähnte Schattenwurf exakt mit der markanten senkrechten Linie auf dem jeweiligen Schwellenstein; am Ost-Gang bei Sonnenaufgang, am West-Gang bei Sonnenuntergang – so wird es von denen, die es beobachtet und fotografiert haben, beschrieben.

Die unmittelbar an die beiden Schwellensteine angrenzenden *kerbstones* weisen wieder nur Symbole auf. Beiden sind *sieben* bogenförmigen Kerben eingeritzt. *Sieben* gilt als die heilige Zahl. Wenn die *Drei* für das Geistige, die *Vier* für alles Stoffliche steht, die *Sieben* nun die Summe beider Werte ist, dann dürfte dieses Symbol auf beiden Steinen vielleicht die Botschaft beinhalten: »Hier an diesem Schwellenstein geschieht die Aufhebung der Gegensätze von Geist und Materie, von Tag und Nacht. Alles Gegensätzliche ist in der (heilen, heiligen) Balance:

Tagundnachtgleiche.

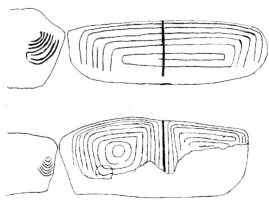

Kerbstone 12 (Westeingang nördl. Richtung)

Diesen Stein erkannte ich in den Büchern sofort wieder. Erst gestern hatte ich ihm »live« gegenübergestanden; er steht diesseits des Bauzauns. Die Aussage des eingeritzten Symbols ist simpel – so will es jedenfalls scheinen; auf jeden Fall ist sie sehr markant. Vier abgeflachte untereinander nahezu gleich große Ovale bestimmen das »Gesicht« dieses *kerbstones*. Es ist nicht zu übersehen: Der Stein will uns etwas über die Zahl Vier sagen. Über die vier Jahreszeiten vielleicht? Darüber, daß Frühling, Sommer, Herbst und Winter im Jahreszyklus gleich wichtige Bedeutung haben – deshalb womöglich die vier annähernd gleichen Größen der Ovale und die gleiche Art der künstlerischen Ausführung? So könnte es, so müßte es eigentlich gemeint sein. Und dann noch die markante *waage-rechte* Linie zwischen den beiden oberen und unteren Ovalen. Waage-recht, die Waage ausrichten, etwas ins Gleichgewicht bringen ... sollte dieses Bild so gelesen werden dürfen, dann spricht es das im *Symbol* aus, was der Schwellenstein in seiner *Funktion* festhält:

Tagundnachtgleiche

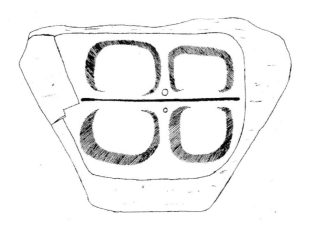

Steinernes (Opfer-)Becken in der rechten Kreuzkammer des Osteingangs

Kreise, Bögen, Linien – das ist alles, was wir auf diesem Stein an Dekorationen erkennen können. Beim zweiten Hinschauen wird jedoch ein System, eine Zahlenordnung, deutlich: Kreis und Bogen sind vier mal, die Linien zwölf mal eingeritzt. Die Vier: Kommen da nicht wieder die vier kardinalen Sonnenstände, die vier Jahreszeiten, zur Sprache? Und die Zwölf: Sollen wir da nicht an die zwölf Monate erinnert werden? Diese Imagination wird fast zur Gewißheit, wenn wir uns den Stein und die Dekoration ein drittes Mal anschauen: Der Stein selbst ist in seiner Form ein Kreis, vier mal erscheint die *kreisförmige* Figuration (Bögen). Der Kreis ist unendlich, so auch unsere Vorstellung von der Sonne. Sollen mithin die Form des Steines selbst und der dem Stein vierfach eingravierte Kreis Symbol für die Sonne sein? Es könnte durchaus so gemeint sein; zumal die Kreise (Sonne) den Linien (Mondzyklen) übergeordnet und somit als beherrschend dargestellt sind.

Beispiel 4

» ... als wir dann zu einem Schwellenstein kamen und den Orthostaten (senkrechten Stein) auf seiner rechten Innenseite anleuchteten, erblickten wir eine Gestalt, die menschliche Gesichtszüge mit großen starrenden Augen zu haben schien. Dieser
gespenstische Wächter machte uns deutlich, daß wir uns dem inneren Heiligtum näherten«[6] – so schildert Prof. George Eogan in
seinem Buch *Knowth* eines seiner abenteuerlichen Erlebnisse bei
der archäologischen Erkundung des Westeingangs.

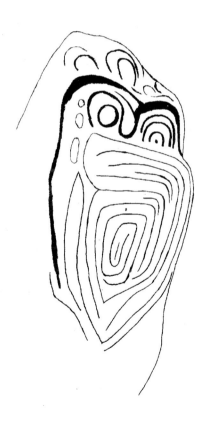

Wenn Prof. George Eogan seinen Fund hier als »Wächter-Gespenst« bezeichnet, dann kommt darin zum Ausdruck, daß es sich um eine spontane Reaktion des ersten Eindrucks gehandelt hat. Stellen wir uns vor: Da war endlich ein Zugang gefunden, Steine und Geröll lagen im Weg, dahinter wurde ein Gang erkennbar, die Spannung wuchs, und plötzlich dann diese »großen starrenden Augen« im Lichtkegel der Taschenlampe – das muß wie ein »Wächter« gewirkt haben, der den Auftrag hat, Eindringlingen den Weg zu versperren. Gewiß: Schon die Form des Steines kommt einem menschlichen Gesicht gleich; die »großen starrenden Augen« räumen die letzten Zweifel aus. Aber ein Wächter? Meinen die »großen starrenden Augen« überhaupt uns? Haben wir nicht vielmehr den Eindruck, sie schauen am eigenen sprach-losen Gesicht herunter? Tatsächlich: Das Gesicht ist sprach-los; es zeigt keinen Mund, auch keine Nase. »Jedenfalls ist das Fehlen des Mundes ein Zeichen dafür, daß das Organ, das eine Aussage ermöglicht, für den magischen Menschen irrelevant ist. Die Verständigung des Gruppen-Ich, des *Wir*, bedarf noch nicht der Sprache, sondern erfolgt gewissermaßen ... telepathisch«. Vielleicht hat uns Jean Gebser, der große Kulturphilosoph unserer Tage, mit diesen Worten einen nützlichen Wink für unser Verständnis der megalithischen Zeit und deren Symbolik gegeben. »Magie ist Tun ohne *Wach*-Bewußtsein«[7], sagt Jean Gebser dann weiter. Ein Wächter *müßte* hingegen wach sein, will er seiner Aufgabe ordentlich nachkommen. Unser »Wächter« hingegen spricht nicht (kein Mund), und er atmet nicht (keine Nase), ist tief in Selbstbetrachtung versunken – unser »Wächter« meditiert. Und über was meditiert er? Offensichtlich über das Symbol der Spirale; denn auf dieses Symbol, das sich in spiraligen Windungen über sein Gesicht ausrollt, konzentriert sich seine volle Aufmerksamkeit mit »großen starrenden Augen«.

Die Spirale – wie oft begegnet sie uns in Newgrange, in Dowth und in Knowth! Die Spirale, Symbol für wachsendes *und* welkendes Leben?

Wer dem »Wächter« plötzlich gegenübersteht, wird in der Symbolik einen Türhüter erblicken, der einen sakralen Bereich vor Uneingeweihten schützen will. Wer hingegen auf Symbolik, auf Sprache hinter Raum und Zeit, eingestimmt ist und dann dem

»Wächter« begegnet, wird mehr geneigt sein, an einen geistigen Führer zu denken, der dem Besucher an der Schwelle zum Heiligtum den *richtigen* Weg weisen will, den meditativen Weg nach Innen.

Ich hatte das Foto vom »Wächter« unserer Künstlerin, Regine Bartsch in Irland, vorgelegt und sie gebeten, die Aussage der Symbolik künstlerisch zu verarbeiten und in einem Aquarell darzustellen. Es ist merkwürdig: Die Künstlerin ist offensichtlich ähnlichen Gedanken nachgegangen, wie ich sie hier vorgetragen habe; denn sie hat »die großen starrenden Augen« *und* die Spirale mit der dominanten Farbe Rot herausgearbeitet, ohne daß wir vorher darüber gesprochen hatten.

Experten verschiedener Fachrichtungen haben über die megalithische »Kunst« die unterschiedlichsten Thesen vorgetragen. Eine alleingültige These wird es kaum geben. Das mag irritieren, sollte uns hingegen nicht daran hindern, diese einmalige »Kunst« unserer Ahnen aus der Steinzeit vorbehaltlos zu bewundern und sie nicht als barbarisch abzuqualifizieren, wie das vor nicht all zu langer Zeit noch getan wurde.

Kunst will nicht das Sichtbare darstellen
sondern das Unsichtbare sichtbar machen. [8]

... so hatte Paul Klee einmal gesagt, als Betrachter seiner Bilder etwas Vertrautes er-kennen wollten, es mit der gewohnten verstandes-mäßigen Betrachtungsweise jedoch nicht finden konnten.

eute war Samstag, der 21. September. Meine Unterkunft in Dublin war erst ab Sonntag, den 22. September reserviert. Ich konnte also noch einen ganzen Tag im Boyne Valley bleiben und – ich blieb. »Ob ich wohl einmal wieder in Newgrange vorbeischaue?« Zwanzig Minuten später war ich dort. Wenn in Knowth Kräne und Bagger das Geschehen bestimmten, so waren es hier in Newgrange Touristen. Es ist erstaunlich, wieviele Menschen von überall her sehen und erleben wollen, welch hohen Stand an Kultur unsere Ahnen der jüngeren Steinzeit erreicht hatten!

Ich stellte mich vor den Eingang, und sofort hatte die Symbolik der Spirale auf dem Schwellenstein wieder meine volle Aufmerksamkeit. Die Stimme des Führers, der einer Gruppe von Besuchern Erläuterungen gab, kam mir vor, als sei sie weit entfernt. Aber ich konnte sehen, wie er auf die briefkastengroße Öffnung oberhalb des Eingangs zeigte, wohl um zu erklären, wie dort die aufgehende Sonne zur Winter-Sonnenwende ihr erstes Licht hindurchschickt. Mein Blick blieb an dem Deckstein mit den eingravierten Rauten oberhalb des »Briefkastens« hängen. Schon oft hatte ich diese Dekoration bewundert; aber daß es ausgerechnet acht Rauten waren (sieben und an beiden Enden je eine halbe), bemerkte ich heute zum ersten Mal. Zur Winter-Sonnenwende begrüßt die aufgehende Sonne also eine Dekoration von acht Rauten, bevor sie das Heiligtum, den Palast selbst, erleuchtet. Da muß dieser Deckstein mit seiner Dekoration uns doch einen tieferen Sinn erschließen wollen!

Will uns der Deckstein oberhalb des »Briefkastens« mit seinen acht Rauten auf eine astronomische Tatsache hinweisen und uns auf diese Weise mitteilen, daß Newgrange insgesamt ein Sonnentempel ist? Wenn ja, dann wird es auch eine Bedeutung haben, daß jede der acht Rauten vertikal geteilt ist und uns der Stein dann insgesamt sechzehn Dekorationselemente vorstellt. Beim Rundgang um den Tumulus waren wir der Zahl Sechzehn als Quersumme aus den siebenundneunzig Einfassungssteinen schon einmal begegnet. Das macht nachdenklich! Und es erinnert daran, daß einige Kulturen im Gegensatz zum zwölfgliederigen Mondkalender den Jahreskalender mit sechzehn Zeiteinheiten gekannt haben sollen. Wenn wir das als kulturhistorische Tatsache unterstellen, dann muß die

Megalithkultur im Nordwesten Europas den Sonnen-Kalender befolgt haben. Und dann muß auch aus dieser Sicht betrachtet Newgrange ein Sonnentempel sein – was sonst!

Die wichtigen Sonnenstände im Jahreskreislauf sind die beiden Sonnenwenden (Juni und Dezember), die beiden Tagundnachtgleichen (März und September) sowie die jeweils dazwischen liegenden Halbierungen (Februar, Mai, August, November) – insgesamt sind das acht Kardinalpunkte. Die Graphik auf Seiten 44 und 45 macht deutlich, daß innerhalb des Jahreskreislaufs Newgrange die beiden Sonnenwenden betonen will; denn ausgerechnet diese astronomischen Ereignisse sind auf den jeweiligen Positionen von Sonnenaufgang und Sonnenuntergang von auffällig dekorierten Steinen hervorgehoben.

Ich machte mich zu einem Rundgang um den Tumulus auf, um zu überprüfen, ob die schon so oft bewunderten Findlinge mit den vertrauten Dekorationen nicht nur in unserer graphischen Darstellung, sondern tatsächlich auch auf den Positionen von Sonnenauf- und Sonnenuntergang zur Sommer- und zur Wintersonnenwende stehen.

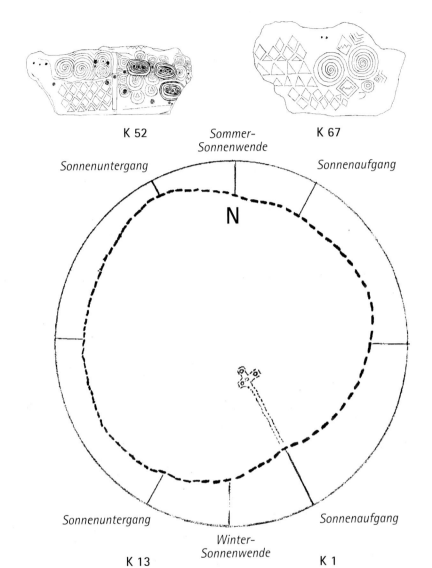

K 52   Sommer-
Sonnenwende   K 67

Sonnenuntergang   Sonnenaufgang

N

Sonnenuntergang   Sonnenaufgang

K 13   Winter-
Sonnenwende   K 1

Daß der Findling K 1 (kerbstone 1) am Eingang vorhanden ist und die aufgehende Sonne zur Winter-Sonnenwende markiert, hatte ich schon oft bestätigt gefunden. Auch der exakt gegenüberliegende Findling K 52 steht dort, wo er hingehört, nämlich genau auf der Position der untergehenden Sonne zur Sommer-Sonnenwende. Der dekorierte Stein K 67 (aufgehende Sonne zur Sommer-Sonnenwende) deckt sich ebenfalls mit der graphischen Darstellung. Aber wo war der Sonnenuntergang zur Winnter-Sonnenwende, das Ergänzungs-stück zum Schwellenstein von K1, markiert? Der Stein ist da, aber es ist diesem Stein keine Symbolik eingemeißelt! Ich war irritiert: Ob die gesamte Interpretation der Symbolik letztendlich gar eine zu verwegene These ist? Die Damen im Tickethäuschen wußten mir Auskunft zu geben: »Doch, auch der Findling K 13 weist die ver-traute Symbolik auf.« Ich ging zurück, schritt die kerbstones sorg-fältig zählend ab. K 13 – da war er, aber ohne Symbolik. »Ich werde doch noch zählen können«, so kam ich zum Tickethäuschen zurück. Die Dame nahm das umfangreiche Buch Newgrange von Prof. Michael O'Kelly zur Hand: »Hier ist K 13, und zwar mit Symbolik. Allerdings ist bei diesem Stein die Dekoration auf der Rückseite eingeritzt, für uns Betrachter ist sie mithin nicht sichtbar; daß die symbolhaften Zeichen dennoch vorhanden sind, wissen unsere Ar-chäologen deshalb, weil sie den Stein von allen Seiten vermessen und fotografiert und ihn erst dann wieder an seine vorgefundene Position zurückgestellt haben.« Das war zwar informativ, konnte mich hingegen nicht zufriedenstellen: »Aber warum sind die Symbole denn nicht auf der dem Betrachter zugewandten Seite des Steines eingraviert?« Auf diese Frage gab es nur ein hilfloses Achselzucken. Ich fragte weiter, nun waren die Fragen allerdings an mich selbst gerichtet: »Warum so viel Mühe und Arbeit, wenn das Arbeitser-gebnis anschließend den Blicken der Bewunderer entzogen wird?« Vielleicht sollte ja überhaupt nichts konkret Sichtbares bewundert werden? Möglicherweise wollten weise Priester ihre Schüler bewußt nach dem Unsichtbaren suchen lassen und so überprüfen, wie weit ihre Fähigkeiten entwickelt waren, gedankliche Vorstellungen zu visualisieren? Vielleicht hatten sie ihre Novizen zur Winter-Son-nenwende morgens bei Sonnenaufgang vor den Schwellenstein K 1 hingestellt und die Symbolik der Spirale gedeutet und abends bei

Längster Tag – 21. Juni

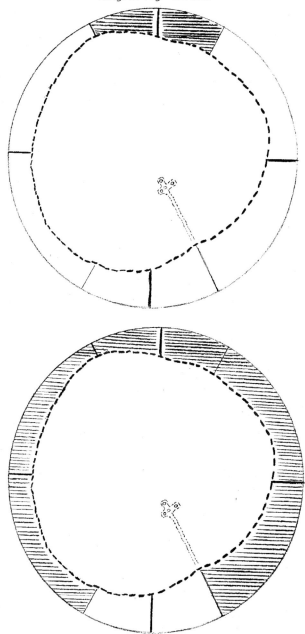

Längste Nacht – 21. Dezember

Sonnenuntergang vor dem Findling K 13 dann prüfend gefragt: »Und was seht ihr nun? Könnt ihr die Ergänzung zum Schwellenstein von heute morgen auch ohne konkret vorgegebene Bilder wahrnehmen?«

Gewiß: Das ist mehr eine Annahme als eine These! Und doch: Hat nicht auch Goethe gesagt: »Nichts ist drinnen, nichts ist draußen; denn was innen, das ist außen«? Die Überzeugung, daß alles über den Gegensatz ergänzend zur Vollkommenheit findet, hat es offenbar schon immer gegeben. Warum sollten die Priester und Lehrer der Megalithzeit diese uralte Weisheit nicht ebenfalls gewußt und sie durch die Gegenüberstellung von sichtbarer und unsichtbarer Symbolik gelehrt haben!

Es war ein langer Tag gewesen. Ich stand auf der Fußgänger-brücke, die über den River Boyne hinüberführt zu dem neuen großen Visitor Center. So wie unter mir die Strömung des Boyne dahinzog, so zogen noch einmal die Eindrücke an mir vorbei, die sich mir nach all den vielen Besuchen im »Tal der Könige« ein-geprägt hatten. Abgesehen von dem unvergeßlichen Erlebnis der Winter-Sonnenwende in Newgrange ist es immer wieder das Symbol der Spirale, das mich gedanklich beschäftigt. Und während ich hier auf der Brücke verweilend diesen Gedanken nachhing und dabei hinaufschaute zu dem großen Panoramafenster des neuen Visitor Center, erblickte ich in vorher nie gesehener Größe tatsächlich die Spirale. Sie ist der Fensterverglasung der Galerie so dominant auf-getragen, daß der Eindruck entstehen muß, die Spirale sei in ihrer Bedeutung allen anderen eingravierten Symbolen auf den Steinen von Newgrange, Dowth und Knowth übergeordnet, ja überlegen.

Und in der Tat: Welches Symbol hat so viel Dynamik wie die Spirale; ist sie doch der Kreis, Zeichen der Vollkommenheit, in stän-dig fortschreitenden Bewegung!

In Kunst, Literatur und Architektur vieler Kulturen tritt uns das Symbol der *Spirale* entgegen. Eine umfangreiche Dokumentation zu diesem Thema hat Jil Purce in ihrem Buch *Die Spirale – Symbol der Seelenreise* vorgelegt. Diesem Buch sind die nachstehenden Worte des berühmten irischen Dichters und Mystikers William Butler Yeats entnommen. Er, dieser große Dichter der Iren, soll in diesem Buch das letzte Wort haben:

Auf seiner Wanderung

zu seinem Ursprung

rollt er die Spule ab -

durch Siege der Geisteskraft

spult er sein Wissen ab.[9]

Zu guter Letzt . . .

Zu den Phänomenen Newgrange, Dowth & Knowth gäbe es noch so viel zu sagen! Und noch mehr gäbe es zu fragen!

Die vorliegende Schrift wollte aufzeigen, daß die Megalith-Monumente in Irlands »Tal der Könige« nicht *nur* aus beeindruckenden technischen Größen zusammengefügt sind, daß hinter ihrer sichtbaren Erscheinung vielmehr ganz offensichtlich Botschaften verschlüsselt liegen. Ob diese Botschaften zeitlos sind und auch uns Menschen von heute noch etwas zu sagen haben, *bleibt* die entscheidende Frage.

Eines darf als gesicherte Erkenntnis gelten: Newgrange, Dowth und Knowth sind so angelegt, daß an diesen geheiligten Orten der Lauf der Sonne beobachtet und gemessen werden konnte. Von daher ist es nicht übertrieben festzustellen, daß diese drei Monumente zusammen genommen ein großes Sonnen-Observatorium darstellen. Wird diese Tatsache um die rätselhafte Sprache der Symbolik und um die farbenprächtigen Mythen zu einer Gesamtbetrachtung ergänzt (wie im vorliegenden Buch geschehen), dann wird deutlich, daß nicht nur die Menschen des Orient sondern auch wir in Europa auf ein großes geistiges Erbe stolz sein dürfen.

Newgrange, Dowth und Knowth haben noch lange nicht alle ihre Geheimnisse preisgegeben. Wir dürfen sicher sein, daß die Archäologen, deren Forschungsdrang und unermüdlichem Einsatz wir viel zu verdanken haben, uns weiterhin mit neuen Funden in Atem halten werden.

Es darf weiter gerätselt und gefragt werden; denn nur wer fragt, bekommt Antworten. Wenn nicht heute, dann morgen. Newgrange, Dowth und Knowth werden noch lange da sein und uns weiterhin unsere volle Bewunderung abverlangen.

Quellenangaben

[1] Helmut Tributsch, *Die gläsernen Türme von Atlantis*, Ullstein Verlag

[2] Übersetzt und frei nacherzählt aus: Martin Brennan, *The Stars and the Stones*, Thames and Hudson Ltd. London (1983)

[3] Aus: Ingeborg Bachmann, *An die Sonne*, Piper (1978)

[4] Übersetzt und frei nacherzählt aus: Martin Brennan, *The Stars and the Stones*, Thames and Hudson Ltd. London (1983)

[5] Duden *Das Herkunftswörterbuch 7*, Mannheim (1989)

[6] Übersetzt aus: Prof. George Eogan, *Knowth and the passage tombs of Ireland*, Thames and Hudson Ltd. London (1986)

[7] Jean Gebser, *Ursprung und Gegenwart*, dtv München (1992)

[8] Paul Klee (sinngemäßte Wiedergabe)

[9] Jil Purce, *Die Spirale – Symbol der Seelenreise*, Kösel München (1988)

Die Zeichnungen und Vignetten wurden gefertigt nach Fotovorlagen des Autors und in Anlehnung von Skizzen und Zeichnungen aus den Büchern »*Newgrange*«, »*Knowth*« und »*The Stars and the Stones*« (alle Thames und Hudson Ltd. London)

Im Frühjahr 1998 erscheint von Werner Antpöhler

Unterm Keltenkreuz

Auf Pilgerpfaden in Irland und Schottland

Fordern Sie das
Verlagsprogramm an:

Neue Erde Verlag
Rotenbergstr. 33
D-66111 Saarbrücken